LASS UNS ÜBER SEXUELLE VORLIEBEN UND FETISCHE REDEN

Fragen und Gesprächseinstiege für Paare, die ihre wilde Seite erkunden wollen

Was macht *dich* an?

J.R. James

„Jenseits der Bettlaken"-Reihe

Buch 3

Copyright © 2019 J.R. James

ISBN: 978-1-952328-29-9

Verleih deinem Sexleben noch mehr Würze und entdecke alle „Lass uns reden" erotischen Fragebücher von J.R. James:

Lass uns über sexuelle Fantasien und Wünsche reden

Verleihe deinem Sexualleben Würze, indem du in sexuelle Fantasien eintauchst und deine sexuellen Interessen erforschst. Erkunde die sexuelle Vergangenheit deines Partners und finde heraus, was ihn wirklich erregt. Heizt die erotische Energie bei der Entdeckung von Dingen an, die vorher nie enthüllt wurden und sprecht aus, was euch wirklich antörnt!

Lass uns über Nicht-Monogamie reden

Interessiert an offenen Beziehungen, Swinging oder Polyamorie? Wenn du ethische Nicht-Monogamie jeglicher Art erkunden möchtest oder bereits praktizierst, werden diese aufschlussreichen Gesprächsfragen dir und deinem Partner dabei helfen, sexuelle Wünsche, Grenzen und Erwartungen gemeinsam zu untersuchen und zu diskutieren.

Lass uns über sexuelle Vorlieben und Fetische reden

Möchtest du gerne mit deinem Partner euren sexuellen Horizont erweitern? Willst du im Schlafzimmer verwegener werden, weißt aber nicht, wo du anfangen sollst? Wenn du einen inneren Wildfang hast, der nur darauf brennt, endlich freigelassen zu werden, dann ist dieses Buch für dich.

*****

Noch ein Wort zum Sprachgebrauch: Um die Fragen gut verständlich und lesbar zu halten, wird in diesem Buch größtenteils die männliche Form benutzt (z.B. „dein Partner" statt „dein Partner oder deine Partnerin"), natürlich sollen aber alle Geschlechter damit angesprochen werden. Passt die Fragen also eurer persönlichen Situation und Beziehungskonstellation an!

****

Worum es in diesem Buch geht

Manchmal können Paare in sexuelle Muster verfallen, die sich nach einer Weile vorhersehbar, ja sogar langweilig anfühlen. In solch einem sexuellen Trott scheint die erotische Aufregung, die einst im Inneren kribbelte, wie eine lange verlorene Erinnerung. Der Wunsch aus der Routine auszubrechen ist einer der vielen Gründe, warum ein Paar die Welt der Kinks, also der ungewöhnlicheren sexuellen Vorlieben, erkunden wollen könnte. Manche Leute wissen bereits, dass sie tief im Inneren diese „eine kleine Sache" haben, die sie so richtig anmacht. Vielleicht ist es Spanking, oder Voyeurismus, oder Dominanz, oder etwas ganz anderes – was auch immer es sein mag, sie erleben einen besonderen Nervenkitzel, wenn sie die Chance haben, diese Fantasie auszuleben! Jetzt hast du die Gelegenheit, deine auch ungewöhnlicheren sexuellen Vorlieben zu entdecken und darüber zu sprechen!

Durch eine Vielzahl von Fragen, die du und dein Partner abwechselnd stellen, führt euch dieses Buch durch Gespräche über ungewöhnliche Gelüste und Möglichkeiten und darüber, was euch beide *wirklich* anmacht. Es bietet euch einen Ausgangspunkt für die

Erforschung verschiedener Vorlieben und Fetische, die euch ansprechen könnten. Wenn ihr schon einen Schrank voller Neunschwänziger Katzen und Latexanzüge habt, könnte dieses Buch vielleicht zu einfach für euch sein. Wenn ihr euch aber noch unsicher seid, was ihr eigentlich wollt und gleichzeitig aber auch wisst, dass ihr *irgendetwas* tun wollt, um euer Sexualleben zu elektrisieren, dann kann dieses Buch helfen. Wenn ihr also schon mit Shibari oder Kinbaku vertraut seid oder einen Violet Wand in eurer Schublade versteckt habt, dann seid ihr vielleicht etwas weiter fortgeschritten als das, was wir hier anbieten. (Wir freuen uns jedoch immer über Feedback der Kink-Veteranen!) Wenn ihr also bereit seid, eure geheimen Vorlieben zu entdecken und zu benennen, dann lasst uns fortfahren. Schließlich mussten selbst die erfahrensten Altmeister des Kinks auch irgendwo einmal anfangen – hier ist jetzt eure Chance dazu!

Zunächst müssen wir ein wenig die Terminologie besprechen und einige der Feinheiten klären. (Für die Kink-Altmeister: bitte versteht, dass ich hier aus Gründen der Einfachheit wirklich verallgemeinere.) Für diejenigen von euch, die sich noch nicht damit auskennen: Kinks sind im Grunde etwas, das außerhalb des „normalen"

Sexualverhaltens liegt, und Fetische verlangen eine Art Objekt zur sexuellen Befriedigung. Als Beispiel könnte man das Swingen als „Kink" bezeichnen, während eine sexuelle Vorliebe für Füße als „Fetisch" bezeichnet werden könnte. Alle Fetische sind Kinks, aber nicht alle Kinks sind Fetische. Wie man sich vorstellen kann, gibt es SO viele Dinge außerhalb des „normalen" Sexualverhaltens, dass es auch eine endlose Vielfalt an Kinks und Fetischen gibt. Die Fragen in diesem Buch werden sich mit den häufigeren und beliebteren befassen.

Die drei wichtigsten Dinge, die man beachten sollte, wenn man über ungewöhnliche Sexpraktiken spricht, sind: EINVERSTÄNDNIS, EINVERSTÄNDNIS und EINVERSTÄNDNIS. Wenn ihr in der Welt des Kinks spielen wollt, müsst ihr absolut sicher sein, dass alle Beteiligten immer und zu jeder Zeit auf einer Wellenlänge sind. Bedenkt immer: Was dem einen Menschen sexuelles Vergnügen bereitet, kann sehr unangenehm oder sogar abstoßend für den anderen sein. Deshalb ist die Diskussion und Absprache sowohl für das Vergnügen als auch für die Sicherheit unerlässlich. Einige Kinks können entweder physisch oder emotional gefährlich sein und ihr müsst sicherstellen, dass alle beteiligten Parteien jedes Mal ihre ausdrückliche und klare Zustimmung gegeben haben.

Es ist auch hilfreich zu wissen, dass sich viele, viele Kinks überschneiden oder überlappen können. Zum Beispiel ist Bondage technisch gesehen BDSM, kann aber auch Dominanz mit einbeziehen. Unter den richtigen Umständen könnte das Swingen auch als Gruppensex angesehen werden. Auch hier sagen wir der Einfachheit halber nicht, dass jeder Kink, den wir in das Buch aufgenommen haben, ausdrücklich und unverrückbar in eine Kategorie fällt; er könnte auch leicht in mehrere Kategorien fallen. Wir wollen euch nur einen Eindruck von den betreffenden Kategorien vermitteln.

Nachdem wir diese Punkte nun angesprochen haben, kommen wir zu den Fragen selbst. Dieses Buch ist etwas anders aufgebaut als unsere anderen *Jenseits der Bettlaken*-Bücher. Es gibt immer noch die Diskussionsfragen auf jeder Seite, aber unter jeder Frage ist der Kink oder Fetisch aufgeführt, der euch je nach eurer Antwort interessieren könnte. Denkt bitte daran, dass dies nur dazu gedacht ist, euch bei der Benennung dieses Kinks zu helfen, so dass ihr mehr Informationen darüber suchen könnt, wenn ihr möchtet. Seid ihr zur Erkundung bereit? Dann lasst uns loslegen!

Was dieses Buch nicht ist

Dieses Buch soll Grenzen erweitern und neu definieren. Allerdings ist es nicht für unsichere Paare oder Einzelpersonen gedacht oder solche, die zu Eifersucht neigen.

Dieses Buch ist nicht als Ersatz für therapeutische Gespräche gedacht und dient nur zu Unterhaltungszwecken. Wenn ihr sexuelle oder beziehungsbezogene Probleme habt, empfehlen wir dringend einen Sexualtherapeuten oder Eheberater.

Wir sprechen weder besonderen Empfehlungen für Dinge in diesem Buch aus, noch ermutigen wir Handlungen oder Verhaltensweisen, die außerhalb der Grenzen liegen, innerhalb derer sich eine Person wohl fühlt. Darüber hinaus empfehlen wir keine unsicheren Sexualpraktiken oder regen dazu an.

Die Gesprächseinstiege in diesem Buch sind nicht als vollständige Liste aller Fetische, Vorlieben oder Fantasien gedacht. Wir haben insbesondere Kinks oder Praktiken weggelassen, die als „extrem" eingestuft werden können, sei es körperlich oder emotional. Außerdem haben wir auf die Berücksichtigung von Kinks verzichtet, die

Menschen triggern könnten, die in ihrer Vergangenheit sexuelles Trauma erfahren haben.

Die Fragen in diesem Buch sind einfach nur Einstiege, die euch hoffentlich in tiefere Diskussionen führen werden. Ihr könnt also gerne die Fragen noch ausarbeiten und improvisieren.

1

Wenn dein Partner einen Zauberstab hätte, dessen Berührung sich auf der Haut wie das Kitzeln von warmem Champagner anfühlte, würde dich das sexuell erregen?

(Elektrostimulation

2

Magst du es, wenn dein Partner beim Sex deine Brustwarzen küsst, leckt oder darauf pustet?

(Nippelspiele)

3

Hast du jemals davon geträumt, ein Stripper oder eine Stripperin zu sein oder dich gefragt, wie es wäre, Fremden einen Lapdance zu geben?

(Exhibitionismus)

4

Warst du schon einmal neugierig auf „Sexclubs"? Bist du bereit, einen zu besuchen, nur um zu sehen, wie es ist?

(Swinging)

5

Möchtest du jemals als Spielzeug „benutzt" werden? Würdest du gerne ein „lebendes Sexspielzeug" sein?

(Unterwerfung)

6

Findest du den Gedanken erotisch, deinen Partner zu füttern, während er die Augen verbunden hat?

(Spiele mit Essen)

7

Nachdem du Sex mit deinem Partner hattest, hast du jemals das Gefühl, dass du einfach immer und immer weitermachen könntest? Ist es schwer, deinen sexuellen Appetit zu befriedigen?

(Gangbangs)

8

Möchtest du, dass sich dein Partner jeder deiner Launen unterwirft? Möchtest du, dass er dein „Liebessklave" ist und deine sexuellen Wünsche erfüllt?

(Dominanz)

9

Dein Partner wird von einer anderen heißen Person gefickt und du kannst nur zusehen, wie es passiert. Du hörst ihr lustvolles Stöhnen, während sie sich zusammen auf dem Bett winden, und du sitzt einfach nur da. Bist du erregt?

(Cuckolding oder Cuckqueaning)

10

Magst du es, wenn dein Partner dir den Finger in den Hintern steckt, während ihr beide Sex habt?

(Analspiele oder Pegging)

11

Wie würdest du es finden, von deinem Partner in den Armen gehalten zu werden, während er sanft gurrt und dich verhätschelt und dich hin und her wiegt?

(Ageplay, Babyspiele)

12

Wie würde es sich anfühlen, wenn dein ganzer Körper in engen Latexgummi gehüllt wäre? Bei jeder Bewegung, die du machst, spürst du, wie es sich gegen deine Haut spannt. Wenn dir die Vorstellung gefällt, beschreibe, was du beim Tragen tun würdest.

(Latexfetisch)

13

Wünschst du dir jemals, dass dein Partner die Kontrolle beim Sex übernimmt? Würdest du dir wünschen, dass er eher den Ton in der sexuellen Situation angibt?

(Unterwerfung)

14

Welches Kostüm oder welche Uniform soll ich vor dem Sex tragen? Was möchtest du anziehen?

(Rollenspiel)

15

Glaubst du, dass Schmerzen jemals angenehm sein können? Wenn ja, beschreibe eine Szene, die du sexuell erregend finden würdest.

(BDSM)

16

Findest du die Füße deines Partners besonders attraktiv? Gibt es etwas an ihnen, von dem du dich angezogen fühlst?

(Fußfetisch)

17

Magst du es, wenn man dir beim Sex einen Klaps auf den Arsch gibt? Willst du härtere und häufigere Schläge?

(Spanking)

18

Hast du jemals Fantasien darüber gehabt, vom anderen Geschlecht zu sein oder die Kleidung dieses Geschlechts zu tragen?

(Crossdressing)

19

Ist die Vorstellung aufregend, an den Armen festgehalten zu werden, während dein Partner sich über dich hermacht? Wenn ja, beschreibe eine Szene, die dich heiß machen würde.

(Unterwerfung)

20

Stell dir vor, du bist auf einem Campingausflug über Nacht mit Freunden. Irgendwie hat es sich in ein Gruppenknutschen um das Feuer verwandelt. Jemand schlägt vor, dass alle zusammen in ein Zelt gehen. Sagst du „ja"? Wenn ja, was passiert im Zelt?

(Gruppensex)

21

Wenn dein Partner beim gemeinsamen Duschen vor dir niederknien und dich bitten würde, auf ihn zu pinkeln, würdest du es tun? Wie würdest du dich dabei fühlen?

(Watersports)

22

Wie fühlt sich für dich die Vorstellung von engem Leder an, das sich an deine Haut schmiegt? Findest du Lederhosen oder Jacken in ihrer Beschaffenheit sexy?

(Ledersex)

23

Hättest du gerne, dass dein Partner dich ans Bett fesselt, während er deinen Körper langsam mit der Zunge erkundet?

(Bondage)

24

Bist du an einem Dreier interessiert? Einem Vierer? Einem „Nochmehrer"? Beschreibe, was du gerne erleben würdest.

(Swinging)

25

Stell dir vor, du betrittst einen kleinen Laden, siehst aber weder andere Kunden noch Angestellte. Auf dem Weg weiter in den Laden hinein hörst du lustvolles Stöhnen aus einer Umkleidekabine und es ist offensichtlich, dass zwei Leute darin ficken. Erregt es dich zu wissen, dass du sie hören kannst, aber sie keine Ahnung haben, dass du da bist?

(Voyeurismus)

26

Möchtest du, dass dein Partner dich anal stimuliert? Was wäre, wenn er einen Vibrator anal bei dir benutzen würde?

(Analspiele oder Pegging)

27

Wie würdest du dich dabei fühlen, Sex an einem öffentlichen Ort zu haben, an dem dich vielleicht Leute sehen könnten?

(Exhibitionismus)

28

Würdest du dir wünschen, dass dein Partner sich über dich kniet und Wachs von einer Kerze auf deine nackte Brust tropft?

(Wachsspiele)

29

Fühlt sich statische Elektrizität erotisch an?

(Elektrostimulation)

30

Findest du die Vorstellung heiß, dass dein Partner ohne dich zu einem Date geht, wilden heißen Sex hat und dann nach Hause kommt, um dir alles darüber zu erzählen?

(Cuckolding oder Cuckqueaning)

31

Findest du den Gedanken aufregend, dass dein Partner dich beim Sex durch einen unerwarteten Schlag schockiert oder überrascht zum Aufschreien bringt?

(BDSM)

32

*Würdest du deinen Partner
gerne mit Schokoladensoße
übergießen und sie
ablecken? Wenn nicht
Schokolade, möchtest du
ein anderes Lebensmittel
verwenden?*

(Spiele mit Essen)

33

Hast du jemals davon geträumt, gezwungen zu sein, deinem Partner dabei zuzusehen, wie er jemand anderen verwöhnt?

(Cuckolding oder Cuckqueaning)

34

Würdest du mit deinem Partner gerne ein sexuelles Szenario durchspielen? Wie würde es aussehen? Was soll dein Partner tun oder sagen?

(Rollenspiele)

35

Findest du die Vorstellung erregend, deinen Partner niederzudrücken und seine Handgelenke festzuhalten, während du ihn fickst? Möchtest du oben sein und das Sagen haben?

(Dominanz)

36

Wie würdest du es finden, wenn dein Partner dich über das Knie legt und dir den Hintern versohlt? Macht die Vorstellung dich an?

(Spanking)

37

Törnt dich die Vorstellung von „Squirting" an, also weiblicher Ejakulation? Wenn du eine Frau bist, hast du jemals beim Orgasmus ejakuliert?

(Watersports)

38

Du bist auf einer Party und amüsierst dich großartig. Es scheint, dass eine Gruppe von Freunden in ein Schlafzimmer gegangen und gerade dabei ist, sich auszuziehen. Es ist offensichtlich, dass sie alle Sex haben werden. Wärst du daran interessiert, dich ihnen anzuschließen?

(Gruppensex)

39

Magst du es, wenn dein Partner deine Brustwarzen beißt oder kneift? Wenn ja, bevorzugst du es hart oder sanft?

(Nippelspiele)

40

Bist du von der Vorstellung fasziniert, mit deinem Partner zu kuscheln, während du Windeln für Erwachsene trägst und wie ein Baby behandelt wirst?

(Ageplay, Babyspiele)

41

Stell dir vor, du gehst spätabends in ein Kino und setzt dich in die hinterste Reihe. Es ist nur noch ein weiteres Paar im Saal, das in der ersten Reihe sitzt. Die beiden bemerken nicht, dass du da bist. Bevor du dich versiehst, fangen sie an, lautstark zu ficken. Wie reagierst du?

(Voyeurismus)

42

Macht dich die Vorstellung an, von deinem Partner wie ein Haustier oder ein Tier behandelt zu werden?

(Pet Play)

43

Findest du die Vorstellung heiß, von mehreren Menschen gleichzeitig sexuell verwöhnt zu werden? Stell dir vor, wie eine Person nach der anderen dich fickt, bis du völlig erschöpft bist. Bist du erregt?

(Gangbangs)

44

Bist du angetörnt von der Vorstellung, eine Gurke oder ein anderes Gemüse als Dildo zu verwenden?

(Spiele mit Essen)

45

Hättest du Interesse daran, Lederkorsetts oder Ledershorts zu tragen?

(Ledersex)

46

Wolltest du schon immer mal an den Zehen eines Liebhabers lutschen?

(Fußfetisch)

47

Würde es sich aufregend anfühlen, wenn deine Füße und Hände mit einem Seil gefesselt wären?

(Bondage)

48

Du, dein Partner und dein bester Freund haben sich abends zum Abhängen getroffen. Im Laufe einer dummen Mutprobe fangen dein Partner und dein Freund an, rumzumachen. Was würdest du gerne als nächstes tun?

(Swinging)

49

*Magst du Analsex?
Genießt du normalerweise
das Geben oder
Empfangen? Wärst du
bereit, einmal die Rollen zu
tauschen?*

(Analspiele oder Pegging)

50

Empfindest du Sex als eine spirituelle Erfahrung? Würdest du gerne lernen, wie du die Erfahrung verlängern und erotische Energie mit deinem Partner im mehr als körperlichen Sinne teilen kannst?

(Tantra)

51

Würdest du gerne deinem Partner befehlen, sich nicht zu bewegen, während du ihn sexuell neckst? Macht es dich an, ihm dabei zuzusehen, wie er versucht, dem Befehl zu gehorchen?

(Dominanz)

52

Stell dir vor, dein Partner kniet beim Rummachen nackt über dir. Wie würdest du dich fühlen, wenn er dir plötzlich über den ganzen Schoß pinkeln würde? Erregt oder abgetörnt?

(Watersports)

53

Macht dich der Gedanke heiß, dass dein Partner deinen Körper sanft mit Lederriemen auspeitscht?

(BDSM)

54

Hast du dir jemals sexy Szenarien mit deinem Partner vorgestellt, in denen ihr beide eine Rolle spielt? Zum Beispiel, dass ein „Schüler" nach dem Unterricht mit dem „Lehrer" zurückbleiben muss?

(Rollenspiele)

55

*Wenn du und dein Partner
an einem Strand wärt und
in der Sonne liegend
herummachen würdet,
würde dich das Wissen
erregen, dass andere Leute
euch beide beobachten?*

(Exhibitionismus)

56

Ist die Vorstellung erotisch, dass dein Partner dich mit einem anderen Liebhaber vergleicht? Was wäre, wenn er dir sagen würde, wie viel besser die andere Person im Bett war?

(Cuckolding oder Cuckqueaning)

57

Wie würdest du es finden, wenn dein Partner dir die Augen verbinden und dir befehlen würde, seinen Wünschen zu gehorchen? Würdest du es genießen, gehorsam zu sein?

(Unterwerfung)

58

Gibt es etwas Sinnliches oder Erregendes an dem Gedanken, gefesselt zu sein und gegen die Fesseln anzukämpfen?

(Bondage)

59

Möchtest du die Autoritätsperson in einer sexuellen Beziehung sein, die für Disziplinierung und Strafe verantwortlich ist?

(Dominanz)

60

Macht dich die Vorstellung an, dass dein Partner beim Sex schmutzige Dinge sagt und flucht? Was würdest du gerne hören?

(Dirty Talk)

61

Würdest du gerne vor deinem Partner (oder anderen Leuten) masturbieren?

(Exhibitionismus)

62

Hättest du gerne, dass dein Partner seine Füße oder Zehen benutzt, um es dir zu machen?

(Fußfetisch)

63

Kann sich Eifersucht oder Demütigung jemals sexuell erregend anfühlen?

(Cuckolding oder Cuckqueaning)

64

Findest du, dass das Tragen eines glänzenden, hautengen Anzugs eine erotische Vorstellung ist?

(Latexfetisch)

65

Wie würdest du dich fühlen, wenn dein Partner dir ein Halsband und eine Leine anlegen würde? Was, wenn er dich zwingen würde, aus einer Schüssel auf dem Boden zu essen?

(Pet Play)

66

Wie würde es dir gefallen, wenn dein Partner seine Zunge zwischen deine Hinterbacken gleiten lassen und deinen Anus lecken würde? Würdest du es im Gegenzug auch ausprobieren wollen?

(Rimming)

67

Stell dir vor, dein Partner streichelt sanft mit einer Feder über deinen nackten Körper, während du auf dem Rücken liegst. Wäre das kitzelnde Gefühl sexuell anregend?

(Kitzelfetisch)

68

Magst du harten Sex? Ist die Vorstellung, gebissen und an den Haaren gezogen zu werden, sexuell aufregend?

(BDSM)

69

Möchtest du davon geweckt werden, wie dein Partner dich streichelt oder dir Oralsex gibt? Erregt dich der Anblick deines schlafenden Partners sexuell?

(Schlafsex)

70

Ist es erotisch, Sex mit einem Partner zu haben, der voll bekleidet ist? Wie wäre es, wenn auch du deine ganze Kleidung anhaben würdest?

(Fetisch, voll bekleidet zu sein)

71

Würde es dich erregen, auf einer Überwachungskamera ein Paar beim Sex zu beobachten?

(Voyeurismus)

72

Ist die Vorstellung eines heißen, verschwitzten Gewirrs von Menschen beim Gruppensex etwas, das dich anmacht? Wolltest du schon immer mal bei einer Orgie mitmachen?

(Gruppensex)

73

Was würdest du davon halten, wenn du und dein Partner mit einem anderen Paar ausgehen würden und alle zusammen im Bett landeten? Falls dir die Vorstellung gefällt, gibt es ein Paar, von dem du dir vorstellen kannst, sie ins Schlafzimmer einzuladen?

(Swinging)

74

Würdest du gerne einen FKK-Strand oder ein FKK-Hotel besuchen?

(Exhibitionismus)

75

Hat Feuer etwas
Ursprüngliches, Erotisches
und Sexuelles an sich?
Findest du es sinnlich, die
Wärme einer offenen
Flamme zu spüren?

(Feuerspiele)

76

Lässt du dir gerne die Brust massieren oder die Brustwarzen lutschen?

(Nippelspiele)

77

*Findest du das Gefühl
erregend, Spandex oder
enge, glatte Kleidung zu
tragen? Gefällt es dir,
deinen Partner in solchen
Kleidungsstücken zu
sehen?*

(Latexfetisch)

78

Findest du die Vorstellung aufregend, an die Wand gestoßen und hart geschlagen zu werden?

(BDSM)

79

Würdest du gerne sehen, wie dein Partner das Gegenteil von dem trägt, was er normalerweise tragen würde? Zum Beispiel eine feminine Frau in Bauarbeiterkleidung oder ein maskuliner Mann in Dessous?

(Crossdressing)

80

Stellst du dir manchmal beim Sex vor, dass dein Partner jemand ganz anderes ist?

(Rollenspiele)

81

Könnte es für dich erregend sein, deinen Partner beim Sex als „Sir", „Madame", „Herr" oder „Herrin" zu bezeichnen? Fühlt es sich erotisch an, dem Partner „unterlegen" zu sein?

(Unterwerfung)

82

Stell dir vor, du liegst nackt im Bett, während du leicht gefesselt bist und deine Augen verbunden sind. Dein Partner neckt dich auf verschiedene Arten und sagt kein Wort. Hört sich die Vorstellung heiß an?

(Sensorische Spiele)

83

Möchtest du von deinem Partner geknebelt werden, während er sich über dich hermacht?

(BDSM)

84

Würdest du dich gerne von deinem Partner mit einem Paddle disziplinieren lassen?

(Spanking)

85

Klingt es für dich aufregend, von hinten von einem Dildo oder Penis gefickt zu werden? Erregt es dich?

(Analspiele oder Pegging)

86

Wolltest du schon immer mal Schlagsahne vom Körper deines Partners ablecken?

(Spiele mit Essen)

87

Stell dir vor, du müsstest beim Sex absolut still sein, Worte oder Geräusche sind nicht erlaubt. Klingt das nach einer erotischen Herausforderung?

(Silent Play)

88

Wenn du und dein Partner so tun würdet, als wärt ihr völlig Fremde, die sich treffen und dann heißen, leidenschaftlichen Sex haben, würdest du das toll oder seltsam finden?

(Rollenspiele)

89

Hast du dich schon einmal inmitten einer „Kitzelschlacht" sexuell erregt gefühlt?

(Kitzelfetisch)

90

Findest du Strümpfe oder Socken an attraktiven Füßen aufregend? Wie sieht es mit einer heißen Person aus, die ihre Schuhe auszieht?

(Fußfetisch)

91

Wenn dein Partner in der Lage wäre, dir nach Belieben einen elektrischen Schlag überall an deinem Körper zu verpassen, würde dich das ansprechen?

(Elektrostimulation)

92

Bist du daran interessiert, eine tiefere, sinnlichere sexuelle Erfahrung mit deinem Partner zu erleben?

(Tantra)

93

Wärst du bereit, dir die Hände zusammenbinden zu lassen und von der Decke zu hängen, während dein Partner deinen Körper neckt und du hilflos dastehst?

(Bondage)

94

Wie würde dir das Gefühl gefallen, mit einem dünnen Stock auf die nackten Fußsohlen geschlagen zu werden?

(Rohrstock)

95

Hast du jemals Sex mit deinem Partner gehabt, während ihr beide eure Unterwäsche oder Höschen noch an und nur zur Seite geschoben hattet?

(Fetisch, voll bekleidet zu sein)

96

Erregt dich der Gedanke, mit deinem Partner vor einem Raum voller Fremder Liebe zu machen? Wenn ja, beschreibe das Erotischste daran.

(Exhibitionismus)

97

Findest du die Vorstellung aufregend, nicht sehen oder hören zu können, was dein Partner im Bett mit dir machen könnte? Jede Empfindung wäre eine Überraschung.

(Sensorische Spiele)

98
Findest du den Akt des Urinierens jemals sexuell erregend?

(Watersports)

99

Hast du jemals davon geträumt, absolut im Mittelpunkt der sexuellen Aufmerksamkeit einer Gruppe von Menschen zu stehen? Alle von ihnen sind nur da, um dich zu verwöhnen. Interessiert?

(Gangbangs)

100

Sind deine Brustwarzen gepierct oder hast du Interesse an einem Piercing?

(Nippelspiele)

101

Findest du die Vorstellung sexuell erregend, von deinem Partner im Schlafzimmer „bestraft" zu werden?

(BDSM)

102

Hast du dir jemals gewünscht, dass dein Partner einen Eiswürfel über deinen nackten Körper gleiten lässt?

(Sensorische Spiele)

103

Hättest du Interesse daran, dass dir dein Partner genau sagt, was du in einem Sexualszenario anziehen sollst?

(Unterwerfung)

104

Würdest du gerne zusehen, wie jemand, der größer, stärker oder attraktiver ist als du, deinen Partner sexuell befriedigt?

(Cuckolding oder Cuckqueaning)

105

Findest du die Vorstellung aufregend, wie dein Partner auf den Knien vor dir kriecht? Wie wäre es, wenn du ihn deine Füße küssen lässt?

(Dominanz)

106

Gibt es irgendwelche Vorlieben oder Fetische, die nicht in diesem Buch sind, dich aber interessieren?

107

Würdest du gerne einen dieser Kinks oder Fetische ausprobieren, über die wir heute gesprochen haben?

Verleih deinem Sexleben noch mehr Würze und entdecke alle „Lass uns reden " erotischen Fragebücher von J.R. James:

Lass uns über sexuelle Fantasien und Wünsche reden

Verleihe deinem Sexualleben Würze, indem du in sexuelle Fantasien eintauchst und deine sexuellen Interessen erforschst. Erkunde die sexuelle Vergangenheit deines Partners und finde heraus, was ihn wirklich erregt. Heizt die erotische Energie bei der Entdeckung von Dingen an, die vorher nie enthüllt wurden und sprecht aus, was euch wirklich antörnt!

Lass uns über Nicht-Monogamie reden

Interessiert an offenen Beziehungen, Swinging oder Polyamorie? Wenn du ethische Nicht-Monogamie jeglicher Art erkunden möchtest oder bereits praktizierst, werden diese aufschlussreichen Gesprächsfragen dir und deinem Partner dabei helfen, sexuelle Wünsche, Grenzen und Erwartungen gemeinsam zu untersuchen und zu diskutieren.

Lass uns über sexuelle Vorlieben und Fetische reden

Möchtest du gerne mit deinem Partner euren sexuellen Horizont erweitern? Willst du im Schlafzimmer verwegener werden, weißt aber nicht, wo du anfangen sollst? Wenn du einen inneren Wildfang hast, der nur darauf brennt, endlich freigelassen zu werden, dann ist dieses Buch für dich.

ÜBER DEN AUTOR

J.R. James weiß, dass erotische Gespräche mit dem Partner ein magisches, verbindendes Erlebnis sind. Seine Bestsellerreihe von Fragebüchern ermuntert Paare zu offenen und ehrlichen sexuellen Diskussionen. Das Ergebnis ist eine Beziehung, die sowohl erotisch aufgeladen als auch sexuell befreiend ist.